AF232763

DE LA RELIGION

CONSIDÉRÉE DANS SES RAPPORTS

AVEC LE BUT

DE

TOUTE LÉGISLATION.

Par J. FIÉVÉE.

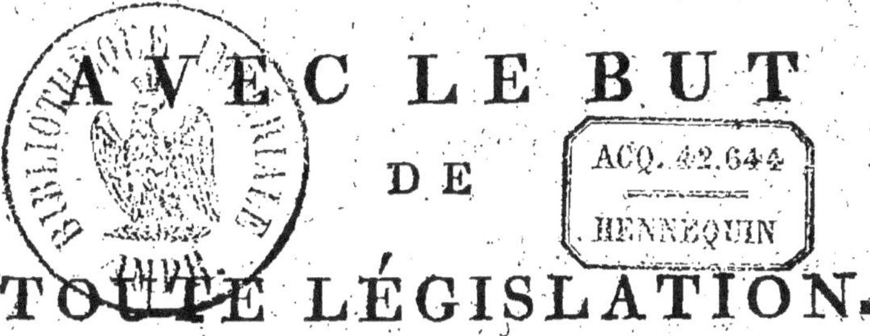

De l'existence reconnue d'un Dieu, à la nécessité
de lui rendre un culte, il n'y a point d'intervalle.

A PARIS,

Chez DEBARLE, Imprimeur-libraire, rue du Hurepoix, quai
des Augustins, N°. 17, au bureau général des Journaux,
et chez les Marchands de Nouveautés.

1795.

AVERTISSEMENT.

LE sujet que je traite exigeroit des volumes ; dans ce moment on ne lit que des brochures, encore à peine a-t-on le temps de les écrire, tant les événemens se pressent. Autrefois cet ouvrage eût été condamné par le Parlement comme irreligieux ; aujourd'hui les esprits-forts (ceux qui ne réfléchissent pas) le traiteront de fanatique. Que m'importe ! en l'écrivant, je remplis un devoir.

Je suis effrayé, je l'avoue, du vague de la nouvelle constitution ; c'est en vain que j'y cherche la correspondance que doivent avoir entre elles ses diverses parties ; c'est en vain que j'y cherche le pivot auquel toutes ses parties devroient venir se rattacher ; c'est en vain que j'y cherche l'esprit du législateur, je n'y vois que des rêveries métaphysiques.

A 2

De trois points bien distincts de toute législation, le plus essentiel est oublié; ce
point essentiel, c'est la Religion considérée
dans ses rapports avec la Politique.

Hommes de bonne foi qui pouvez peut-
être encore quelque chose pour le bien de
ma Patrie, c'est à vous que je recommande
cet écrit. Tel petit qu'il soit, il suffit à qui
cherche la vérité; ceux qui la rejettent doivent se condamner à ne rien lire; car c'est
une justice que la postérité rendra aux hommes courageux qui écrivent depuis le 9 ther-
midor; ils dévancent et préparent l'instant
où la France entière regardera avec autant
de honte les folies qui la séduisent, qu'elle
regarde maintenant avec horreur les forfaits
dont on a souillé sa gloire.

DE LA RELIGION

CONSIDÉRÉE DANS SES RAPPORTS

AVEC LE BUT

DE

TOUTE LÉGISLATION.

Est-il quelques rassemblemens d'hommes, je ne dis pas formant un corps de nation, mais connoissant, ou jouissant, sans les connoître, des premiers bienfaits de la civilisation, chez lesquels on rencontre une absence totale, ou un mépris entier des idées religieuses? L'histoire ancienne, les voyages nouveaux n'offrent nulle part un pareil tableau.

Si mon dessein étoit de parler à l'imagination, j'essayerois de prouver l'existence d'un Dieu par ce sentiment même de son existence universellement répandu; j'appellerois à l'appui de

A 3

cette assertion, l'ordre des saisons, les beautés, les phénomènes de la nature, mais je sais d'avance que je ne dirois rien à quoi l'on ne pût raisonnablement répondre ; je sais aussi que je m'éloignerois du but que je me suis proposé, qui est d'examiner s'il est possible que des hommes en société existent long-temps sans une religion quelconque ; et, qu'on ne s'y trompe point, j'entends, par religion, un culte public ; car, sans culte, je ne vois point de rapports entre la religion et la société ; ou, pour mieux dire, je ne vois plus de religion.

Pour croire à la possibilité d'un peuple qui ne reconnoîtroit point l'existence de la Divinité, il faudroit le supposer composé d'individus qui ne fussent sujets ni à la crainte, ni aux infirmités ; il faudroit qu'ils ne connussent ni les regrets, ni l'espérance ; il faudroit qu'ils vécussent toujours unis et heureux sous un ciel toujours calme ; car il est bon de remarquer qu'il y a beaucoup moins d'esprits-forts quand il tonne, que lorsque le temps est serein. C'est du malheur que naquît l'idée consolante de la Divinité ; c'est dans les diverses secousses que le monde physique a éprouvé, que le besoin d'un Dieu protecteur se grava, pour l'éternité, dans le cœur des hommes. Voyant, pour ainsi

dire, s'écrouler la terre sous leurs pas, ils éle-
vèrent les mains au ciel pour le fléchir et pour
y chercher du secours. Hélas! la société humaine offre chaque jour des secousses et des malheurs assez grands, pour que l'idée d'un dieu protecteur s'y perpétue, comme la consolation et
le réfuge nécessaire des mortels infortunés.

De l'existence reconnue d'un dieu, à la nécessité de lui rendre un culte, il n'y a point
d'intervalle : ces deux idées se touchent et se
confondent.

Ne nous y trompons point ; il ne suffit pas à
la tranquillité d'un peuple que ceux qui parlent
en son nom, avoue froidement l'existence d'un
Être - Suprême. Cet aveu pur et simple n'est
qu'une dérision ; car le déisme et l'athéisme
ont entièrement les mêmes résultats en législation.

Reconnoître un Dieu, et poser les bases du
contrat social en sa présence, c'est au moins
supposer que ce dieu s'occupe des hommes ;
c'est, de la part des législateurs, le prendre à
témoin de la pureté de leurs intentions ; c'est,
de la part du peuple, l'appeller comme juge
des secrètes pensées de ses législateurs ; c'est
des deux côtés remettre à son incommensurable
puissance le soin de venger les infractions que

la loi ne pourra connoître, et les délits moraux qu'elle ne peut désigner; c'est, en effet, reconnoître un dieu protecteur, vengeur, rémunérateur; c'est avouer un dogme. Ce dogme quel sera-t-il? Nécessairement celui de l'immortalité de l'ame, car la société présente si souvent le crime triomphant, l'innocence persécutée jusqu'au tombeau, qu'il faut admettre un autre monde, une survivance morale à l'existence physique; en un mot, un moyen possible au Dieu rémunérateur et vengeur, de punir et récompenser.

L'immortalité de l'ame est donc le dogme le plus universellement répandu; c'est en effet le seul, qui, par la nature de ses diverses combinaisons, devoit être adopté par les peuples policés. Toute religion de laquelle ce dogme devient la base fondamentale, est utile, est indispensable à la société; elle peut, elle doit en tirer un parti très-avantageux pour sa tranquillité. Les lois punissent le crime, la morale encourage à la vertu, la religion en fait un devoir d'autant plus doux, qu'elle en promet la récompense. Voilà trois points bien distincts de la législation, qui sont si étroitement liés, que le législateur qui croira pouvoir en rejetter un, ne sera aux yeux des hommes sensés, qu'un fou ou un scélérat.

En effet, pourroit-on donner le nom de société civilisée à un état, où ce principe législatif seroit admis sans modification :

Ce qui n'est pas défendu par la loi, ne peut être empêché.

La loi défend-elle l'ingratitude ? empêche-t-elle un père de dissiper la fortune que ses enfans avoit droit d'attendre de lui ? défend-elle à l'impudique de se livrer à la débauche ? empêche-t-elle l'avare de thésauriser ? etc. Non, parce qu'elle ne peut défendre qu'en mettant la punition à côté de l'infraction, et qu'elle n'a droit sur les passions des hommes, que lorsqu'elles intervertissent violemment l'ordre social. Il faut donc qu'elle appelle à son secours la morale.

Mais qu'est-ce que la morale dans ses rapports avec la société ?

La conscience du bien et du mal, la conviction certaine, mais trop abstraite, que du bien particulier naît le bien général. Mais est-ce connoître les hommes que d'imaginer que la raison en eux fera toujours taire les passions ? Est-ce connoître les hommes, que d'imaginer que les individus d'une société auront tous le degré d'instruction nécessaire pour juger le mérite calculé d'une bonne action? Est-ce connoître les hommes que d'imaginer

qu'ils préféreront aux desirs souvent violens de satis-
faire l'intérêt du moment , des sacrifices qui parois-
sent pénibles , et dont ils ne voient pas la récompense ? Laissez chacun juge dans sa propre cause
(voilà la position où met la morale qui n'est
point liée à des idées religieuses) et vous verrez
quels seront les terribles et prompts effets d'une
pareille confiance. Comme la morale supplée à
l'insuffisance des lois , la religion supplée à l'insuffisance de la morale. Je le répète , ces trois
points se lient si étroitement que c'est folie de
vouloir les séparer.

Cette assertion peut être facilement démontrée ;
mais il est triste de chercher les preuves d'une
vérité avouée par tous les siècles , dans un siècle
où l'on prend avec tant de légèreté les erreurs
nouvelles pour des vérités reconnues.

Je ne m'arrêterai pas à tracer le tableau de
l'état civil, dans la supposition où l'ordre seroit abandonné à la seule force des lois , sans le secours de
la morale ; cet état est tellement chimérique que
personne ne s'est encore avisé de le supposer.

Je chercherai jusqu'à quel point les lois soute-
nues de la morale sans religion , pourroient arriver
au but que se propose la législation , qui est le
bonheur et la sûreté de tous.

Je demanderai au législateur moderne qui
veut toutes les religions, ou à celui qui n'en veut

aucune, ce qui est la même chose, ce qu'il répondroit à cet être malheureux, excité par l'envie si active, poussé par le besoin si impératif, entraîné souvent même par la seule force des événemens ; je lui demanderai ce qu'il répondroit à cet être désespéré qui, dans un bois, hors de la vue repressive de la police, lui appuieroit le poignard sur le cœur, et le menaceroit de la mort pour le dépouiller de ses richesses. Lui diroit-il : crains la vengeance des lois ; il est sûr que son crime ne peut être connu ; lui diroit-il qu'il trouble l'harmonie sociale, qu'il déroge à cette morale sublime qui ne permet pas de faire aux autres ce qu'on ne voudroit pas qui nous fût fait.

« Que m'importe cette morale, pourroit s'écrier l'assassin ! depuis que j'existe, je n'ai connu que les malheurs et le besoin. O toi, riche, qui la réclame cette harmonie sociale qui t'assure des jouissances, dis-moi quelle compensation elle me donne pour les maux que je souffre, et dont une action vigoureuse peut me délivrer. Vertueux, selon tes calculs moraux, je meurs dans les angoisses de la faim et de la misère : criminel, j'ai des droits à tout le bonheur dont tu jouissois à mon exclusion. Jusqu'à présent l'idée d'un dieu avoit seule retenu mon bras ; je craignois sa vengeance à laquelle on m'avoit appris que je n'échapperois pas; j'espérois, après ma mort, trouver dans son sein la récompense des maux que je souffre sur la terre. Toi et tes pareils m'avez dit que ce dieu n'existoit pas, ou que s'il existoit, il étoit indifférent sur les actions des hommes. Le frein qui me retenoit, est brisé. Moi, et tous mes compagnons de malheur, nous tromperons la vigilance des lois; plus instruits, nous les braverons; plus en force, nous les détruirons; alors nous assassinerons les propriétaires, nous abbattrons les châteaux, les maisons, nous nous rassasierons de richesses; et si, las de sang et de jouissances, il nous plaît enfin d'avoir des lois, nous les ferons nous-mêmes; mais, plus conséquens que vous, nous ne demanderons point d'efforts pénibles, sans offrir la compensation des sacrifices qu'ils exigent. Ou nous permettrons tous les crimes en rétablissant le droit du plus fort, ou nous ne rejetterons aucun des freins capables de contenir les malheureux. »

Si, après un tel discours, cet homme disposoit par un crime de l'existence et des richesses du moderne législateur, qu'auroit-il dit que nous n'eussions vu se réaliser? qu'auroit-il fait dont le philosophe assassiné eût le droit de se plaindre?

À cette esquisse si légère des forfaits d'un peuple chez lequel on a brisé le ressort le plus puissant de la législation, opposons un tableau bien réel des effets que la religion peut produire pour la consolation des victimes de cette effervescence.

Un enfant..... mais déjà ce n'en est plus un, l'excès du malheur a vieilli sa raison. Une fille née pour jouir de tous les avantages que donne le plus beau rang où l'ambition puisse prétendre, accoutumée dès sa plus tendre enfance à voir les cœurs et les hommages voler au-devant de ses vœux, aussi favorisée des dons de la nature qu'heureuse de l'amour de ses parens, tombe tout-à-coup du palais des grandeurs dans la solitude du cachot le plus effrayant. Elle appèle à son secours la puissance de son père; cris inutiles! son père ne peut plus lui répondre; elle veut se jetter dans les bras d'une mère chérie, et déjà cette mère est à jamais séparée d'elle. Dans l'excès de sa douleur, elle cherche du moins quelqu'un de sa famille qui puisse l'instruire du sort des auteurs de ses jours; vain espoir! plus de famille. Elle adresse ses prières à tout ce qui l'entoure; elle ne voit auprès d'elle que des pierres, des grilles, et le spectacle hideux de la misère. Le bruit des verroux de sa prison retentit à ses oreilles; elle court à la porte, interroge l'être qui se présente; elle le supplie, le conjure à genoux...... ô dernier terme de la dégradation de l'espèce humaine.....! Ce monstre la repousse, ne répond à ses prières que par des injures, à ses larmes que par une dérision plus cruelle encore; il trouve mille expressions pour accabler l'infortune, il n'en trouve aucune pour l'instruire de ce qu'elle a tant intérêt de savoir. Pendant deux ans, chaque jour mêmes efforts, chaque jour même succès.

Un bourreau est quelquefois remplacé par un autre; dans cette fonction, les hommes se succèdent, mais l'esprit qui les anime est invariable. Venez, législateur moraliste, venez moraliste irréligieux, entrez dans ce cachot; voyez l'innocence, la jeunesse, la beauté succombant sous le poids de l'infortune la plus inouie. Eh bien! vous fuyez, vous ne trouvez en vous aucun motif de consolation; en effet, que pourriez-vous dire? La réparation de tant d'outrages n'est pas au pouvoir des mortels. Laissez parler l'homme religieux; c'est lui qui se présente, écoutez, et dans la supposition même où l'idée d'un dieu protecteur ne seroit qu'un système, jugez de l'avantage inappréciable que ce système auroit sur le vôtre.

« Ma fille (permettez-moi ce titre, c'est au nom d'un dieu de bonté que je vous le donne) ma fille, ce dieu protecteur m'envoie pour sécher les larmes de l'innocence; vos prières ont monté

jusqu'à lui ; l'excès de vos malheurs l'a touché.
Qu'ils sont affreux les maux que vous avez souf-
ferts! qu'ils sont terribles à rappeler les événemens que votre tendresse filiale vous fait un besoin de connoître! O mon enfant, quand à ma
voix les portes de votre prison seroient brisées,
quand il vous seroit permis de parcourir l'uni-
vers, en vain vos cris y redemanderoient les sou-
tiens de votre enfance. Levez les yeux au ciel,
invoquez l'auteur de la nature, c'est dans son
sein qu'ils reposent ; ce n'est qu'au séjour éternel
qu'ils ont pu trouver un réfuge contre la bar-
barie des hommes.

» Pleurons, ma fille, unissons nos larmes,
nos prières et nos regrets. Le dieu qui plaça
dans nos cœurs le besoin si doux d'aimer, ne
peut être offensé de votre chagrin; il le seroit
de votre désespoir. N'oubliez pas que ce dieu veille
sur vous ; n'oubliez pas que du séjour éternel
vos parens planent sur leur fille chérie ; ils l'ob-
servent, ils ont droit d'attendre d'elle le courage
religieux qu'ils ont porté jusques sur l'échafaud.
. . . . . Sur l'échafaud . . . . . vous frémissez, ma
fille. Vous frémiriez avec bien plus de raison
s'il vous étoit possible de supposer qu'ils eussent
mérité un pareil sort, car alors plus d'espoir de
jamais, jamais vous réunir à eux. Mais ni les

lois humaines, ni les lois divines n'ont ratifié un pareil supplice ; l'échafaud étoit alors le seul oreiller sur lequel s'endormoit la vertu.

« Ma fille, les révolutions qui d'un palais vous ont placée dans une prison, peuvent de cette prison vous reporter dans un palais. N'oubliez jamais que l'école du malheur est, pour l'être qui se confie à la bonté de Dieu, l'école où le caractère se forme à la vertu. Quand vous rentrerez dans le monde, ne cherchez point à venger la mort de vos parens ; plaignez leurs ennemis et les vôtres. Plaignez-les, vous en avez le droit, car eux seuls sont à plaindre. Déjà pour la plupart, ils se sont entre-dévorés sans pouvoir s'accorder sur le partage de vos richesses ; un esprit de vestige semble agiter.... Mais ce n'est point d'eux dont il faut vous occuper. Ma fille, vivez toujours vertueuse, et la mort sera pour vous le premier pas vers le bonheur éternel. La vertu de votre situation, est une entière résignation à la volonté du ciel ; qu'elle ne vous abandonne pas, et quel que soit le sort qui vous est réservé, vous trouverez aisément le courage de le supporter. »

Dans le premier de ces tableaux, il est facile de voir ce que la religion peut opérer en législation par l'effet d'une crainte salutaire ; dans le second,

qui

qui n'appréciera ce qu'elle peut rendre de bonheur aux mortels malheureux , en leur laissant du moins une consolation active que sans religion on ne remplacera jamais.

Jusqu'à présent aussi suis-je bien persuadé que personne ne disconviendra de l'avantage d'une législation qui admet les idées religieuses dans les premiers élémens de ses combinaisons , sur le code législatif qui ne se composeroit que du pouvoir des lois et de l'influence de la morale. Cette théorie est si simple qu'elle est séduisante ; c'est la pratique qui rebute les esprits superficiels. Mais n'avançons pas trop à la fois.

Nous n'avons encore admis que la nécessité du dogme de l'immortalité de l'ame , comme ressort nécessaire de la législation ; mais il nous faut une Religion , conséquemment un culte qui frappe l'homme grossier par les sens , qui séduise le foible par l'éclat. Point de culte sans ministres ; point de ministres sans qu'aussi - tôt un code religieux ne vienne se placer à côté du code législatif. Laissez-les séparés , ils se heurteront ; unissez-les ; vous aurez une religion nationale , dominante. Cette religion , quelle sera-t-elle dans un siècle où il n'est pas possible d'inventer de religion , et où , quand cela seroit possible, il seroit au moins inutile de le tenter ? Cette religion sera de droit celle de la majorité de la nation ; elle sera pour nous le Christianisme.

Philosophes modernes, ne vous allarmez pas ; il n'est point de religion dont la morale soit plus pure, et dont les maximes s'accordent mieux avec vos projets de législation. Vous cherchez l'égalité dans la nature, et vous l'y cherchez en vain ; vous espérez l'établir devant les lois, ce projet est juste, sage ; mais les hommes sont les organes des lois, et leurs passions trompent souvent ce but d'égalité. La morale, en donnant la conscience du bien et du mal, aide les lois à rétablir l'égalité ; le christianisme y tend plus directement par ces moyens hardis qui sont au pouvoir seul de la religion. Ainsi, lois, morale, idées religieuses, sont encore ici trois points que vous ne séparerez jamais, sans ôter vous-mêmes à la solidité de votre ouvrage.

On a fait tant de volumes dans le dix-huitième siècle, pour y consigner les crimes consommés au nom du christianisme ; on a tant crié contre ses ministres, tant fait d'épigrammes, qu'il faut volontiers du courage pour prendre sa défense. Je me bornerai à ce qui a un rapport direct au but de cet ouvrage.

D'abord, les crimes consommés au nom du christianisme ne peuvent pas plus lui être attri-

bués, qu'il ne faut imputer à la Liberté les forfaits commis en son nom. L'ambition enfanta seule
les crimes ; l'ignorance fit seule les fautes.
Tout ce qu'on en peut conclure, c'est qu'avec ces
deux mots *liberté, religion*, dans tous les siècles
on poussera les hommes aux plus grands excès,
soit en crimes, soit en vertus. De cette conclusion,
il faut aussi tirer la conséquence nécessaire que,
puisque ces deux sentimens ont tant d'empire sur
les hommes, le législateur ne peut abandonner au
hasard les effets qu'ils produisent ; ceux produits
par la religion doivent sur-tout l'occuper, leurs
résultats étant d'autant plus vastes que sa puissance s'aggrandit de tout le domaine de l'imagination.

Que nos modernes Solons ne s'offensent point
de ce que je vais dire. Je suis si convaincu que la
religion est partie essentielle de toute bonne législation ; je suis en même-tems si persuadé que ç'en
est la partie la plus difficile, que j'aime mieux attri-
buer leur insouciance à cet égard à leur incapacité
qu'à leur philosophie : ils n'ont pu résoudre le
problême, ils l'ont rejetté comme inadmissible ; et
cependant, ô inconséquence de l'esprit humain !
ils cèdent déjà et malgré eux à la force des événemens ; ils reconnoissent, par le fait, une religion
dominante dans l'état, puisqu'ils abandonnent des

édifices publics à son exercice. Législateurs, ne vous y trompez pas ; emparez-vous de la religion, sinon elle détruira votre ouvrage, ou prêtera son nom pour le détruire. Qu'opposerez-vous ? la force, elle se brise contre le pouvoir de l'opinion ; la persécution, elle changera le zèle religieux en fanatisme, et ce fanatisme sera encore, comme dans tous les temps, le tort du gouvernement et non celui de la religion.

Admettez avec moi ce qui est vrai, qu'il est prouvé par l'expérience et par l'étude du cœur humain, que les hommes ne *savent* point se passer de religion ; admettez ce qui est vrai encore, que la morale du christianisme peut s'accorder avec le but de toute bonne législation ; admettez cette vérité, qu'une administration sage ne doit jamais heurter les opinions dominantes, mais qu'elle peut adroitement les modifier en s'en emparant ; et je conviendrai avec vous de cette vérité incontestable, que toute religion est par sa nature intolérante, et qu'elle entretient la superstition, une des plus humiliantes maladies de l'espèce humaine.

Intolérance et superstition, voilà les deux seuls inconvéniens essentiels à l'esprit de presque toutes les religions. Un ami ne permet pas qu'impunément on parle mal devant lui de l'ami qu'il s'est choisi ; l'amant est jaloux de l'honneur de sa maîtresse, le citoyen de la gloire de sa patrie ; l'homme religieux de la puissance de son Dieu : tout cela est dans l'ordre, et personne ne s'est encore avisé de dire, qu'il ne falloit ni préférence pour le pays où l'on a reçu le jour, ni amitié, ni amour. Il est peu d'affections humaines qui n'aient trois gradations bien distinctes, sentiment, passion et fanatisme ; les affections religieuses suivent les mêmes gradations, et l'intolérance qui est la dernière, ne peut troubler l'ordre social que lorsqu'elle est appuyée du pouvoir.

Ménélas mit Troye en cendres, et bouleversa toute la Grèce pour venger son amour outragé. Ménélas, s'il n'eût point eu de pouvoir, ou ne se seroit point vengé, ou chargé seul du soin de sa vengeance, eût rendu compte aux loix des excès dans lesquels elle auroit pu l'entraîner. Substituez le zèle religieux au zèle qui animoit Ménélas, et vous aurez les mêmes résultats.

Il en est de même de la superstition ; c'est une maladie incurable à l'esprit humain ; c'est, pour ainsi dire, une religion nouvelle qui se forme dans la religion, et qui en est indépendante. N'admettez aucune religion, et vous n'aurez point pour cela détruit la superstition. Ne pouvant point attacher de foi aux reliques, on en attachera aux combinaisons des cartes, aux rêves, aux lettres dont sont composés les jours de la semaine, aux signes qui paroîtront dans le Firmament, etc. etc. L'homme qui craint, l'homme qui desire, est toujours prêt à croire.

Philosophes, plaignez, respectez la foiblesse humaine ; mais, avant de la condamner, sondez les replis de votre propre cœur.

Supposez l'être que vous aimez le mieux aux portes du tombeau, abandonné des médecins dont la célébrité avoit fixé votre confiance ; le désespoir va s'emparer de vous : on vous parle d'un charlatan que vous avez toujours méprisé ; vous hésitez : on vous raconte des cures aussi étonnantes que celles opérées par des reliques ; l'espérance rentre dans votre ame ; le charlatan devient aussi-tôt votre Dieu. Il vous trompe. Eh bien ! dans la même position, il vous trompera encore : telle est la nature humaine. De cette crédulité à la superstition religieuse, je ne vois pas de différence ; l'avantage même est en faveur de la dernière, car il est plus naturel d'être superstitieux envers ce qu'on respecte qu'à l'égard de ce qu'on méprise.

Je sais bien que les ministres de tous les cultes connoissent assez peu leurs intérêts pour entretenir la superstition si naturelle à l'homme. A cet inconvénient, on ne peut répondre que par cette question :

Est-il plus dangereux que l'homme foible trem-ble à la voix d'un prêtre, que de ne pas trembler à l'idée d'un crime?

Il est temps d'aborder la question d'un culte public, d'une religion dominante.

Tout gouvernement qui n'est pas en contradic-tion avec la sagesse des siècles, avouera la néces-sité de la religion; à cet aveu succédera bientôt celui de la nécessité d'une religion dominante, et voici pourquoi.

Il faut une instruction publique, des maisons nationales d'éducation; il faut même que toutes les maisons particulières où l'on instruit la jeunesse, soient sous la surveillance immédiate du gouver-nement, qui ne doit pas permettre que l'on enseigne une morale différente de la sienne, puisqu'il est toujours censé avoir adopté la meilleure.

Le gouvernement qui doit surveiller avec tant de soins les instructions que l'on donne aux enfans de la patrie, qui doit prescrire les bases sur les-quelles leur esprit sera formé, peut-il abandonner au hasard le soin de former leur cœur? Défen-dra-t-il aux instituteurs de leur jamais parler de la Divinité? dans ce cas, il se fait apôtre de l'athéisme et de la corruption. Leur laissera-t-il le choix de leur en parler chacun à la manière qu'il l'entendra? Quels malheurs peuvent naître d'un semblable abandon!

Si une moitié des élèves s'échauffe pour un sys-
tême religieux, l'autre moitié pour un système
différent, voilà les querelles de l'école dégénérant
en guerre de religion. Une classe aura ses prin-
cipes ; une autre classe les siens ; le collège entier
n'en aura aucun : il en sera de même dans le
monde. Qu'on ne s'y trompe pas, le mépris de
toutes religions a des conséquences bien plus fu-
nestes que l'inscience des idées religieuses n'en
pourroit même avoir ; dans le premier cas, on
brave la Divinité, et ce n'est jamais que par des
forfaits qu'on croit pouvoir le faire avec éclat.

Mais quel boulversement terrible n'arriveroit-il
point, si le gouvernement ne reconnoissant pas de
religion dominante, les directeurs de ce gouvernement, ou un seul d'eux, consultant l'esprit de la
nation, calculant les forces innombrables que la
majorité peut donner à telle ou telle opinion religieuse, alloit s'en emparer pour se faire un
parti, et sapper les bases mêmes de ce gouvernement avec une arme qu'il auroit rejetté avec indif-
férence ou mépris. Législateurs, je le répète ici
dans l'entière conviction de ma conscience, emparez-vous de la religion, ou elle vous abattra
ainsi que votre ouvrage, et vous l'aurez mérité.
1º. Parce que vous eussiez dû le prévoir ; 2º. parce
que vous aurez oublié une partie de vos devoirs.

La philosophie du dix-huitième siècle en matière de religion est passée ; cette philosophie a persécuté, elle a fait des fanatiques ; les révolutions ont amené de grands crimes, les idées religieuses en acquièrerront plus de ferveur. Eh ! peut-on prétendre à conduire les hommes, et ne pas calculer ce que pourroit dans ce moment l'éloquence jointe à l'enthousiasme. A peine étoit-on convenu publiquement qu'on ne reconnoissoit plus de religion, que Roberspierre déjà jetoit les fondemens d'une nouvelle. Quelle religion, grand dieu ! *Nous avons assassiné hier*, disoit-il à mots à peine couverts, *aujourd'hui nous adorons l'Être-suprême, demain nous l'adorerons encore en assassinant davantage.* Roberspierre est tombé, avec lui sa religion ; d'autres, plus adroits, réussirons en réveillant des idées plus familières à la Nation. Je le répète encore : législateurs, emparez-vous de la religion, ou elle abbattra votre ouvrage, telle perfection qu'il puisse avoir.

Une religion dominante, un culte public vous effraient ; c'est faute d'y réfléchir. D'ailleurs, il n'y a pas à balancer quand la nécessité parle. La religion chrétienne n'est-elle pas dominante en France. Ne l'avez-vous pas déjà reconnu par l'abandon d'édifices nationaux ? Ces petits aban-

dons ne conviennent pas à un gouvernement,
il prouve de la foiblesse ; ce n'est pas par la
foiblesse qu'on contente les idées religieuses,
comme ce n'est pas par la force qu'on les anéan-
tit. Il faut sonder toutes les ressources de sa
position ; cette opération faite, il faut agir d'une
manière imposante ; voilà tout le secret de la
politique. Les demi-mesures ne réussissent jamais;
il n'y a pas de demi-mesures en matière de religion.

Disons d'abord qu'une religion peut être dominante sans être exclusive, et qu'elle ne per-
sécute que lorsque le gouvernement est bigot ;
ensuite ouvrons Raynal, il va nous donner au
juste la connoissance et les avantages de notre
position.

« Quelques politiques ont avancé que le gouvernement ne devoit jamais fixer de revenu aux
ecclésiastiques. Les secours spirituels qu'ils offrent
seront, disent-ils, payés par ceux qui reclameront
leur ministère ; cette méthode redoublera leur vigilance et leur zèle; leur habileté pour la conduite
des ames s'accroîtra chaque jour par l'expérience,
par l'étude et l'application. Ces hommes d'état
ont été contredits par des philosophes qui ont pré-
tendu qu'une économie, dont le but ou l'effet
augmenteroit l'activité du clergé, seroit funeste

au repos public ; et qu'il valoit mieux endormir ce corps ambitieux dans l'oisiveté, que de lui donner de nouvelles forces. N'observe-t-on pas, ajoutent-ils, que les églises ou les maisons religieuses sans rente fixe, sont des magasins de superstition à la charge du bas peuple ? N'est-ce pas là que se fabriquent les saints, les miracles, les reliques, *toutes les inventions dont l'imposture a accablé la religion ?* Le bien des empires *veut* que le clergé ait une subsistance assurée, mais si modique qu'elle borne nécessairement le faste du corps et le nombre des membres. *La misère le rend fanatique, l'opulence le rend indépendant, l'un et l'autre le rendent séditieux.*

« Ainsi le pensoit du moins un philosophe qui disoit à un grand monarque : Il est dans vos états un corps puissant, qui s'est arrogé le droit de suspendre le travail de vos sujets autant de fois qu'il lui convient de les appeler dans ses temples. Ce corps est autorisé à leur parler cent fois dans l'année, et à leur parler au nom de Dieu. Ce corps leur prêche que le plus puissant des souverains est aussi vil devant l'Être des êtres que le dernier des esclaves. Ce corps leur enseigne qu'étant l'organe du créateur de toutes choses, il doit être cru de préférence aux autres maîtres du monde. Quelles doivent être les suites naturelles d'un pareil système ? De menacer la société de troubles interminables, jusqu'à ce que les ministres de la religion soient dans la dépendance absolue du magistrat ; *ils n'y tomberont efficacement qu'autant qu'ils tiendront de lui leur subsistance.* Jamais on n'établira de concert entre les oracles du ciel et les maximes du gouvernement que par cette voie. *C'est l'ouvrage d'une administration prudente que d'amener, sans trouble, sans secousses, le sacerdoce à cet état où, sans obstacle pour le bien, il sera dans l'impuissance de faire le mal.* »

Je n'ajouterai rien à ce passage qui semble avoir été écrit pour le moment où nous sommes ; l'art de tout dire, n'est que le secret d'empêcher de penser. Législateurs, consultez les siècles, les hommes, et réfléchissez ; songez, en tremblant, que vous pouvez avancer ou reculer l'époque où la France déchirée, expirante, jouira du calme nécessaire à sa convalescence.

De l'Imprimerie du Bureau général des Journaux, quai des Augustins, N° 17